Norbert Schmitt · Voodoo Faust

Norbert Schmitt

Voodoo Faust

Voodoo Faust
Libretto für ein Bühnenstück mit 15 Liedern

Der Wunderdoktor und Hellseher Dr. Johann Faust kommt in die Stadt. Er wird verehrt und angefeindet. Und er wird geliebt. Doch seine Ruhmsucht steht der Liebe im Wege.

Personen:
FAUST
MODERATOR
HELENA, Tochter des Wirts vom Gasthaus „Zur Brücke"
GITARRIST
STUDENTEN
RATSHERREN
TÄNZER
BAND

Inhalt

Prolog

MODERATOR

Kennt ihr Faust? Ihr kennt ihn gewiss. Es gibt The-
aterstücke, Filme, es gibt ein Faust-Museum. Und
doch bleibt Faust ein Rätsel. Ich kenne ihn gut.
Faust ist Zukunftsforscher, Hellseher, Astrologe.

Und Wunderdoktor nebenbei
Er macht aus Wasser Arzenei

Stellt euch eine Mischung vor aus Joseph Beuys,
Erich von Däniken und Thomas Gottschalk. Dann
habt ihr ein ungefähres Bild von Faust. So einer ist
schwer zu ertragen, aber es gibt auch lichte Mo-
mente.
Ich reise mit ihm, gelegentlich. Wir sind hier auf
dem Weg in die Stadt.

Dinge haben einen Anfang
Von wegen Ganzheitlichkeit
Gibts vielleicht auch einen Schluss?
Die vielen Dinge brauchen Zeit
Fragst du: Was hat angefangen?
Ist der Anfang schon vergangen

Tänzer kommen aus verschiedenen Richtungen auf die Bühne, suchend, prüfend. Sie suchen ihre Positionen und prüfen die Materialien – Masken, Garderobe, Fußboden, Instrumente. Sie bewegen sich langsam, bedächtig.

DIE BAND *spielt das Lied vom Anfang.*

Der Anfang

Am Anfang war das Wörtchen Am
Drum war der Anfang gar nicht lang
Dann war der Mittelteil erreicht
Und dann kam nichts, die ganze Zeit

Ein fremder Mann kam in die Stadt
Vergangenes bekriegt die Gegenwart
Bald ist das Ende nicht mehr weit
Aus Zukunft wird Vergangenheit

Zur Mitte lief die Sache dumm
Man nahm ihm die Geschichte krumm
Der Mann war nichts und nannt sich Ich
Das war ein Widerspruch in sich

Ein fremder Mann kam in die Stadt
Vergangenes bekriegt die Gegenwart
Anfang vom Ende ist erreicht
Und dann kommt nichts die ganze Zeit

Der Mann war nichts wozu ihn hassen
Ein Niemand kann dich nicht verlassen
Ein Niemand kann dich nicht betrügen
Drum konnt er dich mit nichts belügen

Ein fremder Mann kam in die Stadt
Vergangenes besiegt die Gegenwart
Jetzt ist das Ende nicht mehr weit
Und dann ist nichts die ganze Zeit

1

Landstraße

FAUST *steht neben einem Caravan und schaut in Rich-*
tung Stadt.

 Kennst du einen, kennst du Kain
 Kennst du Abels Bruder Kain?
 Kennst du einen, kennst du alle
 Kennst du Kain, kennst du Kalle

 Hallo, ich hab euch kommen sehn
 Wollt ihr auch nach Babel rein?
 Am Horizont die Stadt, die Türme
 Verrückte bauen verrückte Bauten
 Smog und Türme, Wolkenkratzer
 Bauen sie höher als die andern
 Sicherheitsverwahranstalten
 So sicher wie ewiges Leben
 Sie sind schneller, sie sind besser
 In Durchsetzungsfähigkeit
 Sie sind die besten Skrupellosen
 Sie sind die besten Ahnungslosen

 Ich schau mal nach den anderen
 Sie brauchen mich und ich brauch sie
 Sie mögen mich und hassen mich
 Sie suchen und verlassen mich

FAUST *setzt sich hinters Steuer und singt vor sich hin.*

Das Lied von den Sieben und der Acht

Die sieben Wunder
Die sieben Berge
Die sieben Geisen
Die sieben Zwerge
Die sieben Jahre
Die sieben Brücken
Die sieben Söhne
Mit sieben Krücken

Alle reden von den Sieben
Alle reden von den vielen
Keiner dacht an die Acht
An die eine kleine Acht

Die sieben Sünden
Die sieben Raben
Sieben gute Taten
Die sieben Raten
Die sieben Leben
Die sieben Übel
Die sieben Siegel
Die sieben Hügel

Alle reden von den Sieben
Alle reden von den vielen
Keiner dacht an die Acht
An die eine kleine Acht

FAUST *zum Moderator*
Hey Flako, hast du Feuer? Du heißt nicht Flako,
wie heißt du denn?
dozierend
Dominik? Gehört zum Herrn
Steig ein, wir fahren ein Stück zu zweit
Der Weg führt in die Stadt, bald sind wir
Mittendrin und trotzdem draußen
Sei so gut und setz dich, Flako
Lass uns gerechte Menschen sein
Wir teilen uns den Weg ab heute
Und teilen uns dein Abendbrot
Du sparst dir deine bösen Worte
Ein guter Mensch glaubt nicht ans Jenseits
Propheten glauben nicht an Götter
Der Astrolog glaubt nicht an Sterne
Ein Mensch vertraut nicht andern Menschen
Wer die Zukunft schaut und hellsieht
Wahrsagt, orakelt, prophezeit
Wie ich, der kann es sich nicht leisten
Auf Vorsehung zu verlassen

Glaub nicht an die Vergangenheit
Trauen kannst auch der Zukunft nicht
Erinnerung ist leicht bestechlich
Meistens ist der Mensch vergesslich
Vergangenheit da hinten leck mich
Was vor mir ist Zukunft versteckt sich

Und was bleibt noch zum Glauben dran?
Dann denk mal nach! An die Vernunft?
Nicht wirklich? Das ist interessant
Nur an den Tod, der kommt gewiss

Was du glaubst, scheint dir gewiss
Gewisser als ein Mückenschiss
Gewisslich glaubst du an den Tod
Gewisser als ein Hundekot

DIE BAND *spielt das Lied von Voodoo Faust.*

Voodoo Faust

Ich heiße Faust, Voodoo Faust
Ich biete alles was ihr braucht
Gutes, Wahres, Schönes, Liebes
Einen Knochensack noch obendrauf

Ich bin Faust, Voodoo Faust
Mein guter Ruf eilt mir voraus
Der Doktor im schwarzen Kreis
Ich weiß das was du nicht weißt

Die Reichen öffnen mir die Türen
Meinen Zauber zu goutieren
Seelenheil gibts zu gewinnen
Beim Magier von Knittelingen

Mit meinen Voodoo-Zaubereien
Kann ich die Zukunft prophezeien
Berechne Bahnen der Kometen
Und die Habgier der Proleten

Ich sag was wird, ich lese Zeichen
Knochen, Karten, Kaffeesatz
Weltuntergang und Katastrophen
Die Zukunft rosig oder schwarz

Kranke mach ich wieder heil
Abgeschlaffte wieder geil
Blinde mach ich wieder sehen
Lahme mach ich wieder gehen

Bist du schuldig mache ich dich frei
Bist du hässlich mache ich dich schön
Bist du ein schönes reiches Model
Wirst du ein Wrack im Handumdrehn

Auf dem Schulhof liegt ein toter Mann
In seinem Hirn kommt nichts mehr an
Bringt ihn in mein Laborium
Dann steht er auf und schaut sich um

Die Reichen scheuen keine Mühen
Gehen vor mir auf den Knien
Die Armen küssen mir die Hände
Und alles hat ein ekles Ende

Zuerst ruft man nach meinen Diensten
Man glotzt und argwöhnt meinen Künsten
Am Ende kommt Skandalgeschrei
Mit Feuerwehr und Polizei

2

Garten an der Stadtgrenze

Die Tänzer haben ihre Positionen am hinteren Bühnenrand eingenommen und frisieren und schminken sich.

MODERATOR

In einem Blumenbeet schneidet eine Frau Dahlien.

kommt ins Schwärmen

Eine Farbenpracht: die rote Camano Rascal, die weiße Alauna Chrystal, lachsorange Bergerhoffs Liebling, Blyton Lady in Red, Engelhards rote Koralle, Evelyn Rumboldt, Purple Urple

FAUST

Ruhe da! Es ist ein Mensch im Garten vom Brücke-Wirt, eine Vertreterin des starken Geschlechts. Wenn ich meinen Augen trau, ist es eine Frau.

zu Helena

Gnädige Frau, welch' Glück, dass wir uns treffen! Glück für wen? Die Frage ist sehr gut gestellt, so dass wir sie stehen lassen. Um von mir zu sprechen, meine Endorphinausschüttung ist höchst eklatant. Drum ganz sachlich, damit in meiner Euphorie mir keine Ungereimtheit durch die Lippen fährt. Wären Sie wohlgeneigt, uns eine Herberge in der Stadt zu empfehlen?

will sie mit Angebereien beeindrucken

Gestatten: Faust, Dr. Faust

Ich kenn die Welt und sie kennt mich

Den Herzog von Athen, Alonso

Neapels Hof samt Königs Söhnen

Oberon den Elfenkönig

König Lear mitsamt den Töchtern

Und den Dogen von Venedig

Ich lese für sie in den Sternen

Für ihre Politik ... wie meinen, ob ich?

kommt aus dem Konzept

Ob ich als Hellseher mir meine Herberge voraussagen kann? Ich sehe mich hell und wahr in Ihrem Licht, Gnädigste, doch die Seherei darf dem Seher selbst nicht nützen. Und kalte Bauern seh ich nicht!

Morgen bin ich beim Rat der Stadt und helf ihm aus der Not. Welcher Rat? Welche Not? Wie heißt er doch gleich? Der Mann hat zwei Ohren und einen Scheitel, wie spricht er sich aus? Senator Schreck, korrekt, genau der wird mich empfangen.

Der lebt nicht mehr? Ist heimgegangen? So wars nicht Schreck, sondern Schneck oder Scheck, Eck, Fleck, Scheuermann oder heißt er Brücke-Wirt.

fängt sich wieder

Gleichwie, ich kenn die großen Tiere

Alle kennen mich aus Zeiten

An die man sich erinnern will

Falls es klemmt im Oberstübchen
Helf ich ihnen auf die Sprünge
Oder trag die Küh' zum Melken
nimmt ihre Hand
　　Ihnen les ich aus den Händen
　　Woraus ich auch gern fressen würde
　　Das Gänseei aus dem sie schlüpften
　　Lag dereinst unter der Brücke
　　Dort wir uns wiedersehen werden

DIE BAND *spielt das Lied von der Brücke.*

Die Brücke

Die Straße rauf, die Straße runter
Ende Parkplatz Shopping-Center
Über den Parkplatz auf den Knien
Bis zu den weißen Linien
Und wo bitte geht's zur Brücke?
Da immer weiter weiter weiter

Überqueren Zebrastreifen
Bis zum Wald mit Autoreifen
Laufe durch Wald ohne Richtung
Mitten im Walde eine Lichtung
Und wo bitte geht's zur Brücke?
Da immer weiter weiter weiter

Baumfreie Fläche mitten im Walde
Bis zum Fuße einer Halde
Klettern hoch die kalte Masse
Oben Himmel unten Wasser
Steigen ab die Kraterwände
Sehen Strand am untern Ende
Und wo bitte geht's zur Brücke?
Da immer weiter weiter weiter

3

Im Wirtshaus „Zur Brücke"

MODERATOR

Die Begegnung am Nachmittag hat Faust ver-
zückt. Cupido hat dieses armselige Wirtshaus in
schönes Licht gerückt und Fausts Augen sind an
die schöne Tochter des Wirts geheftet.

FAUST *redet auf den Moderator ein und schaut sich da-
bei in der Gaststube nach der Tochter des Wirts um.*

Woran wir glauben, Flako, wir glauben an die
Realität. Glauben heißt Nichtwissen und für das
Nichtwissen ist die Realität der rechte Gegenstand.

dozierend

Wenn sie kommt, ist sie am Gehen

Ist sie da, ist sie vergangen

Es kommt vergeht Realität

Wie der Schall, wir glauben dran

Mein Ministrant und Diener der

Verdichtung im fluiden Medium

Wann kommt vergeht Realität?

Ist sie jetzt jetzt oder jetzt jetzt?

Wir glauben dran, doch sag uns wann!

Wo ist sie, die kleine Wirtin?

Sah sie nicht seit Ewigkeiten

Ich seh sie jetzt und schau nicht hin

Ich stell mich dumm, das fällt nicht leicht

Die Tänzer stellen dar, wie sie einen Tanz einstudieren. Sie wiederholen Bewegungen des Apachentanzes, eines stilisierten Kampfes zwischen einem Macho und einer herausfordernden Frau. Die Gesten changieren zwischen Verführungsversuchen und Gewalt, zwischen Balzen und Abwehr.

DIE BAND *spielt das Lied von der Liebe auf den ersten Blick.*

Liebe auf den ersten Blick

Als das Pferd den Stall sah
War es Liebe auf den ersten Blick
Als die Frau den Reiter sah
Gab es kein Zurück

Mitten auf der Straße
Die Frau mit dem Pudel
Mitten in dem Garten
Die Frau mit den Blumen

Er war ein kalter Fisch
Doch sie liebte ihn sehr
Kalte Fische brauchen Liebe
Je kälter desto mehr

MODERATOR

Faust bietet sein Allheilmittel feil. Das muss sein, das ist im Plan. Die Kasse muss aufgefrischt werden. Aber dass er sich mit dem Musiker anlegt, das ist nicht gut. Das gehört nicht ins Konzept. Die Eifersucht spielt Faust einen Streich. In Liebesdingen ist er nicht sehr bewandert. Da spielt zu viel Natur hinein.Er sollte lieber zaubern. Ein schöner fauler Zauber macht die Leute happy.

FAUST *zu den Gästen*

Wer hat Beschwerden hier im Raum? Oder besser gefragt: Wer ist beschwerdefrei von euch, der sage laut und deutlich Ich und möge zu mir kommen. Dem Manne kann geholfen werden.

eindringlich

Es ist so stille hier im Raum
Tragt ihr so schwer an eurem Traum?
Ich bin doch euer Onkel Doktor
Bin nur für euch und eure Wehwehs
Gereist von Manitoba rüber
Ich lass euch schnuppern an dem Mittel
Arzneimittel Allheilmittel
Bannt die Ängste dünnt die Träume
Macht die Seelensteine leichter
Löst den Kummer ohne Kater
Macht zur Wollmaus alle Steine
Wenn Geld belastet macht es locker
Es verdünnt, was euch je drückte
Portemonnaie oder Konto

schimpft

Die schöne Helena hinterm Tresen kokettiert und lässt sich begaffen. Was glotzt du nach ihr, du Gitarrist? Mach dich besser nützlich, hau in die Saiten oder hau ab und lass das Schmachten.

zu sich

An dem Spinner ist nichts dran, das ist Tapete ohne Wand, Borke ohne Stamm.

GITARRIST *singt das Lied „Die Prophezeiung" mit einem Text von Alfred Lichtenstein und begleitet sich auf der Gitarre.*

Die Prophezeiung

Einmal kommt - ich habe Zeichen -
Sterbesturm aus fernem Norden.
Überall stinkt es nach Leichen.
Es beginnt das große Morden.

Finster wird der Himmelsklumpen.
Sturmtod hebt die Klauentatzen:
Nieder stürzen alle Lumpen.
Mimen bersten. Mädchen platzen.

Polternd fallen Pferdeställe.
Keine Fliege kann sich retten.
Schöne homosexuelle
Männer kullern aus den Betten.

Rissig werden Häuserwände.
Fische faulen in dem Flusse.
Alles nimmt sein ekles Ende.
Krächzend kippen Omnibusse.

FAUST *schreit den Gitarristen an.*
Das ist mein Lied, du Schlingel, das hast du mir
geklaut! Helft mir, werft diesen Blender raus!
Bazi, Scheusal, Gitarrist, klaut mir mein Lied und
will hier absahnen. Die Apokalypse ist meine Do-
mäne. Pass auf, da klumpt sich kein Wölkchen, da
trifft dich der Blitz und haut dich vom Bänkchen.
lässt erschrocken vom Gitarristen ab
Oh da spricht der Weltenherrscher
Missgunst sät er Neid und Rache
Altbekannter Schatten legt sich
Nieder auf die Puppenstube
Oh da kocht ein böses Süppchen
zu den Gästen
Apropos, ich hab euch etwas mitgebracht. Für die
Ungläubigen und Verstockten und die satten faulen Sesselfurzer. Augen auf, Ohren auf und haltet
mal den Rand.

DIE BAND *spielt das Lied mit der Zauberformel.*

Es werde Licht

Im Abendrot
Weizenkeimbrot
Das fahle Licht
Kommt außer Sicht
Komm Dunkelheit
Komm Dunkelheit

Ein Überbein
Im Sonnenschein
Fürs Tageslicht
Zu buckelig
Kommt Zeit kommt Nacht
Kommt Zeit kommt Nacht

Trautes Heim
Traudels Bart
Zu hässlich für
Ein Sonnenbad
Sonnenbrand
Sonnenbrand

Aufs leere Blatt
Scheint Mondlicht satt
Abrakada

Es gilt das Wort
Es werde Licht
Es werde Licht

MODERATOR

Eine Stichflamme schlägt zur Decke hoch. Explosion, Rauch, Geschrei. Faust hat einen seiner Zaubertricks zum Besten gegeben. Die Studenten sind Feuer und Flamme und hängen an seinen Lippen.

FAUST

Das war eine Fingerübung
Ich ruf damit die Helfer her
Aus dem Ungefähren lock ich
die Unsichtbaren in die Nähe
Um mein Gewerke auszuführen
Brauch ich Kräfte aus dem Äther
Willst du Fliegen ohne Federn
Hast auch keine Engelsflügel
Brauchst du einen Stubenbesen

zu sich

Ich kann nicht alles allein machen. Zum Beispiel zum Fliegen brauchts einen gewissen Support. Einen Engel mit Flügeln oder eine Leiche, die zur Hölle fährt.

zu den Studenten

Durchs Dreieck von Bermudasee
Von Kamerun bis Klein-Paris

Mit der schönen Helena
Im Garten der Semiramis
Ich weiß, ihr kauft mir alles ab
Und ihr widersprecht mir nicht
Kneipenrüpel seid und bleibt ihr
Überall das selbe Pack
Hättet gern das letzte Wort
Aber wisst nicht wie es heißt
Sag, wie heißt das letzte Wort?
Himmelherrgott Kruzitürken
Notarzt Rettungssanitäter
Jesus Maria Mamamia
Mama bringt euch die Manieren
Mama war das erste Wort
Und wird auch mal das letzte sein

zu Helena

Helena, bring dem Mob noch eine Runde! Ich geb ein paar Tropfen dazu, das macht sie rührselig und zahm.

zu sich

Ich sollte, ich wollte, ich könnte. Wie kann ich können was ich will, wenn ich will, dass ich nicht soll, was ich will. Ein Mann ohne Frau, eine Frau ohne Mann? Welch eine Verschwendung! Ohne Heimat ist der Mensch verloren. Meine Heimat, die ist viel zu groß.

MODERATOR *sinniert über Helena und ihre Motive.*

Sie heißt Helena und ist die Tochter des Wirts. Sie

ist hübsch. Und zweitens ist sie jung. Und drittens intelligent. Und viertens, und das ist der Clou, sie wird begehrt. Das macht begehrenswert. Das treibt ihn zu ihr hin. Das lässt ihn nicht los. Das macht ihn schwach. Der Illusionist und Hexenmeister, der Unglück bringt, wird in die Arme des Mädchens getrieben.

Und was will sie? Sie will ein großes Tier! Das kann man doch verstehen.

Groß und auch ein bisschen tapsig
Prächtig und ein bisschen flapsig
Der hobelt und nicht auf Späne achtet
Es scheint, er hat das Glück gepachtet

FAUST *singt ein rührseliges Lied.*

Die Brücke ist eine Kneipe

Die Brücke ist eine Kneipe
Da kenn ich die Tochter vom Wirt
Vielleicht werd' ich auch Wirt
Wenns aus uns zwei was wird

Ich hol sie ab zur Kirche
Das ist im Land so Brauch
Sie hört die Engel singen
Ich sag ich hör sie auch

Ich ess bei ihr zu Hause
Sitz am gedeckten Tisch
Sonntags gibt es Braten
Und freitags gibt es Fisch

Am Mittag gehn wir wandern
Es wird uns ganz schön heiß
Sie zieht sich die Socken
Und ich die Hosenträger aus

Wir pflücken Wiesenblumen
Und wünschen Kinderlein
Und für unsere Wohnung
Trendiges Design

Die Brücke ist eine Kneipe
Da kenn ich die Tochter vom Wirt
Vielleicht werd' ich auch Wirt
Wenns aus uns zwei was wird

4

Beim Rat der Stadt

MODERATOR

Die Stadt liegt in Agonie. Die Stadt ist dem Untergang geweiht. Sie wird beherrscht von kriminellen Banden. Die Bürger haben kein Vertrauen mehr in die Institutionen. Als Kinder haben sie gelernt, dass sie sich durchsetzen müssen. Das Mantra ihrer Kindheit war: sei stark, behaupte dich. Jetzt bekämpfen sich alle bis zur Raserei.

Die Tänzer stellen den Tanz um das goldene Kalb dar und umkreisen einen Blechkoffer.

DIE BAND *spielt das Lied von Schmalkaldens Untergang.*

Schmalkaldens Erdentod

Die Erd reißt auf und frisst Schmalkalden
Keine Seele kann sich halten

Die schönen Starken und die Schwachen
Aus heiterem Himmel in den Rachen

Das Loch schluckt tausend Lieferwagen
Mitsamt der Ladung und Garagen

Kinder Greise Männer Weiber
Die Erde schluckt lebende Leiber

Ist die Erde blind hat sie Kummer
Schwermut oder einfach Hunger

Sie frisst den Krater ohne Brot
Das ist Schmalkaldens Erdentod

MODERATOR

Die Einwohner beschuldigen sich gegenseitig, man sucht die Schuldigen bei den Schwachen. Es wird nach einem starken Mann gerufen. Faust lädt sich zum Rat der Stadt ein und bietet sich als Retter an.

DIE BAND *spielt das Lied vom Ruf nach dem starken Mann.*

Wir brauchen einen Mann

Wir brauchen einen Mann, der was kann
Der fasst die Dinge nicht mit Fingerspitzen an
Der denkt mit, hat alles im Griff
Und seine Augen überall
Wir brauchen einen Mann

Wir brauchen einen Mann, der was kann
Der keinen Trend verpennt
Gestern Punk heute Catcher
Morgen Hardcorestreightedger
Wir brauchen einen Mann

Wir brauchen einen Mann, der was kann
Der auch sensibel sein kann
Der tritt dich, wenn du schlapp machst
Der kippt dich, wenn du abschlappst
Wir brauchen einen Mann

FAUST

Seht, die Stadt, sie steht am Abgrund.
Ich sag: Na und, wer tut das nicht?
Handel, Messe, Auftragslage
Und die Energieversorgung
Sind in einem schlechten Zustand
Trüb die Luft und trüb das Wasser
Die Stadt bankrott, das ist bedenklich
Bleiben Kranke, Sieche, Bettler
Fehlt noch die Rache der Natur
Erdbeben, Dürre, Hungersnöte
Viren, Bakterien, das wär
Prekär, dazu Kartoffelpest
Reblaus und Tomatenfäule
Wann fing es an, wo ging es los?
Wo fing an der Stein zu rollen?
Gabs einen Anlass, einen Kick

Irritation, ein Missgeschick?
Lebensgeister schwanden leise
Melancholie, leichtes Fieber
Man ging gebückt und grüßt sich nicht
Man warf das Geld zum Fenster raus
Kauft sich Dreck und warf ihn weg
Der Armen wolln mit Reichtum protzen
Die Reichen zahlen für Askese
Keiner konnt mehr unterscheiden
Rat und Unrat, Sinnneurose
Müll im Hirn und in den Straßen
In den Häusern Müll und Tiere
Ratten, Hunde, wilde Schweine
Krätzmilben und schlechte Musik
Ihr sagt das Chaos sei perfekt
Raub und Mord gedeihen prächtig
Es wird gekämpft um Wasser, Luft
Und Vorfahrt im Straßenverkehr
Was ihr beschreibt, klingt nicht besonders
Das ist landläufig regulär
Der Mensch begehrt den Dreck des andern

Die Band *spielt das Lied vom Abbild Gottes.*

Die Raupe

Die Kröte bleibt gern Kröte
Drum wird aus ihr kein Prinz
Der Aal bleibt gern ein Aal
Mit aller Konsequenz

Der Mensch wär gern ein Mensch
Von Bildung und Kultur
Und bleibt doch eine selbst-
gerechte Witzfigur

Die Raupe würd' gern Raupe
Unter ihresgleichen sein
Doch muss metamorphieren
Zu einem Schmetterlein

Der Mensch würd' gern ein Mensch
Mit Bildung und Geschmack
Wird statt ein Abbild Gottes
Ein abgekacktes Wrack

MODERATOR

Faust weist den Ratsherren den Ausweg aus der Krise. Er hat sich in Schale geworfen und seine Biografie frisiert.

FAUST *spricht zu den Ratsherren*

Fragt die Jugend, was sie braucht!

Fragt mich, was die Jugend braucht!

Kinder wünschen einen König

Einen transzendenten Schauder

Einen routinierten Sünder

Egomanisch muss er sein und

Nekromant, der Wissen plündert

Das Erkenntnisbäumchen knickt

Exhibitionist und Lustmolch

Treibts mit Mädchen und mit Jungen

Selbstlos ohne Eigennutz als

Öffentlicher Watschenseppel

Dann könnt ihr Gewalt genießen

Dann wird Wahres wieder schön

zu sich

Euer King of Pop wird verehrt werden, regelrecht geliebt von Menschen, die er nicht kennt. Doch Gefahr! Kommt er in ihre Nähe, reißen sie ihn in Stücke und fressen ihn aus Liebe auf.

zu den Ratsherren

Und wer soll diesen gefahrvollen, verantwortungsvollen Dienst übernehmen? Ein Mann der Wissenschaft und Künste, weltläufig weitgereist, vielfacher Doktor und Profi auf der Bühne? Gestatten: Faust, Voodoo Faust.

Meine Herren Ratsversammlung
Der Monarch der Herzen hat euch
Einen feinen Song geschrieben
Großmotorig metaphorisch
Mit den feinsten Ingredienzen
Schattenimmortellenpollen
Blütenblätter weißer Myrte
Diamantstaub, Bleibovist
Nekkerherz für Raserei

FAUST *singt das Lied vom König der Zwerghamster.*

Listen to the King

Listen to the king of the surf guitar
Listen to the sound of the guitar King
Listen to the king of the dwarf hamsters

Listen to the dwarf of the slide guitar
Slippin to the sound of the guitar dwarf
Listen to the king of the dwarf hamsters

Listen to the king of the baby dwarfs
Listen to the baby king of the dwarfs
Listen to the king of the dwarf hamsters

5

Faust allein

FAUST *zu sich*

Das ist deine Chance, vom Dr. Faust zum König
Faust zu werden! Statt als Hofnarr einer Frau den
Hof zu machen, bin ich doch besser selbst der Hof
und halte Hof mit Hofmännern und Hoffräuleins.

Ein König lebt gefährlich
Wärs auch nur ein King of Pop
Wandelt er auf dünnem Eise
So ein Eis wär zu gebrechlich
Für zwei ausgewachsne Menschen
Solch ein Job wär zu gefährlich
Nicht der Schwiegersohn von Brücke
Nicht der Tanzbär einer Gattin
Werde ich am Tag die Bären
Und nachts Puppen tanzen lassen

erschrocken

Oh weh, da spricht der Herr der Welt. Satan ver-
spricht mir Reichtum und Ruhm. Über mir hängt
die schwarze Wolkenbank. Bleib dort oben hängen
und störe nicht meine außerordentlich vorteilhaf-
te Lebenslage.

MODERATOR

Wir erleben hier ganz deutlich, wie der tragende Konflikt unseres Stücks dem Protagonisten eine Entscheidung abringt. Für das Königreich – gegen die Frau.

Die Tänzer bewegen sich synchron im Running Man Melbourne Shuffle und ziehen von links nach rechts über die Bühne.

HELENA *singt ein schwermütiges Lied.*

Das Schwarze Meer

Das ist doch viel zu laut hier
Ich geh mal vor die Tür

Das ist doch viel zu ruppig
Das ist doch viel zu rack
Ich geh' mal an den Fluss

Immer an dem Fluss lang
An dem blauen Nil

Ich suche Johann Faustus
Ich geh zu Fuß nach Wien

Der Nil fließt in die Donau
in das Schwarze Meer

6

Festzelt

MODERATOR

Der Magistrat hat zum Fest geladen. Ein großes
Spektakel hebt an mit Musik, Tanz und Ochs am
Spieß. Zur feierlichen Einsetzung des Königs der
Herzen fließt der Wein in Strömen.

DIE BAND *spielt ein rhythmisch-suggestives Instrumentalstück.*

Going Down House

*Die Tänzer tanzen zunächst paarweise und geordnet.
Dann behindern sich die Paare gegenseitig und tanzen
hinkend.
Die Paare lösen sich auf und die Tänzer bewegen sich
aggressiv. Der Tanz geht über von Rempelei in Tumult
und Raserei.*

MODERATOR

Das Publikum ist gespalten in Anhänger und
Feinde von Faust. Aus den Feindseligkeiten der
beiden Lager entwickelt sich schnell eine Massenschlägerei, in der jeder gegen jeden kämpft. Als
Faust die Bühne betreten will, wird er von dem
Musiker angegriffen. Der rasende Mob will sich

auf Faust stürzen. Helena wirft sich schützend vor ihn und wird niedergeprügelt. Faust kann sich befreien und kann sich in Sicherheit bringen.

Die Tänzer finden einen gemeinsamen Rhythmus, bilden einen Kreis und treten stampfend auf eine am Boden liegende menschliche Gestalt ein.

7

Auf der Landstaße

FAUST

    Ach hätt ich nur, ach hätt ich nicht
    Wär sie doch und hätte ich können
    Hab es vermasselt und verbockt
    War's Eingebung, war's böse List?
    Da kam die Eitelkeit daher
    Kleine Dosis Eitelkeit mit
    Einer mörderischen Wirkung
    Unversehens klafft die Hölle

    Wer ist Schuld, wenn nicht ich?
    Bin ich ich oder bin ich's nicht?
    Ich bin schuld, ach wär ich's nicht.
    Ach hätte ich, ach hätt ich nicht.

FAUST *singt vor sich hin.*

Die Sieben und die Acht

    Die sieben Ecken
    Die sieben Laster
    Die sieben Schmerzen
    Die sieben Farben
    Die sieben Bürden
    Die sieben Chancen

Die sieben Lügen
Die sieben Sünden
Die sieben Käfer
die sieben Schläfer
die sieben Fetten
die sieben Armen

Alle reden von den Sieben
alle reden von den vielen
und keiner redet von der Acht
und keiner hat erbarmen

MODERATOR

Hallo, ich hab euch kommen sehen. Kommt ihr aus der Stadt? Ich hab gehört, dort sei Devil's Night. Sie zünden die Häuser an – aus Langeweile. Bevor auch die Letzten den Ort verlassen. Wenn alle weg sind, verschwindet auch der Ort. Der Ort verlässt den Ort.

Was Faust macht, wollt ihr wissen? Der Doktor hat ein neues Arbeitsfeld. Er macht Gold. Und das Gold macht er zu Geld. Gold oder Geld, ist ihm beides recht, Geld und Gold verdünnt die Schuld.

DIE BAND *spielt das Lied vom Ort.*

Der Ort

Der Zug nach Nord verlässt den Ort
Der Zug nach Süd ist schon lang fort
Der Zug nach West fährt aus dem Blick
Alleine bleibt der Ort zurück

Vor dem Tor der Knabenchor
Das Lied verklingt im Knabenohr
Der Ort ist fremd wie nie zuvor
Der Ort kommt sich verlassen vor

Der Ort verlässt den Ort wie viele
Sucht er sich neue Lebensziele
Zurück bleibt Haus und Hof und Diele
Straße, Platz, Automobile

In der Nacht verlässt er seinen Posten
Er nimmt den letzten Zug nach Osten
Bernina Semmering Baikal Amur
Im Schnee verliert sich seine Spur

Impressum

Copyright © 2015 Norbert Schmitt, 64625 Bensheim
Songtexte, Zeichnungen, Gestaltung: Norbert Schmitt
Die Prophezeiung, Text: Alfred Lichtenstein, 1913

Web: www.voodoo-faust.de
Musik: soundcloud.com/norbertschmitt/sets/voodoo-faust
Zeichnungen: www.nobt.de

Herstellung und Verlag:
BoD – Books on Demand, Norderstedt
ISBN 978-3-7386-2931-6